簡體字練習과 함께 6가지를 同時에 배울 수 있는

中國語 簡體字 筆記本

編著者　朴 遇 夏

圖書出版 知能敎育

發音篇

聲母(성모)

ㄋ(n):ㄋㄜ(ne), ㄌ(l):ㄌㄜ(le), ㄍ(g):ㄍㄜ(ge), ㄎ(k):ㄎㄜ(ke), ㄏ(h):ㄏㄜ(he), ㄐ(j):ㄐㄧ(ji), ㄅ(b):ㄅㄛ(bo), ㄆ(p):ㄆㄛ(po), ㄇ(m):ㄇㄛ(mo), ㄈ(f):ㄈㄛ(fo) ㄉ(d):ㄉㄜ(de), ㄊ(t):ㄊㄜ(te), ㄑ(q):ㄑㄧ(qi), ㄒ(x):ㄒㄧ(xi), ㄓ(zh):ㄓㄧ(zhi), ㄔ(ch):ㄔㄧ(chi), ㄕ(sh):ㄕㄧ(shi), ㄖ(r):ㄖㄧ(ri), ㄗ(z):ㄗㄧ(zi), ㄘ(c):ㄘㄧ(ci), ㄙ(s):ㄙㄧ(si)

韻母(운모)

ㄚ(a,아), ㄛ(o,오), ㄜ(e,어), ㄝ(ê,에), ㄞ(ai,), ㄟ(ei), ㄠ(ao), ㄡ(ou), ㄢ(an), ㄣ(en), ㄤ(ang), ㄥ(eng), ㄦ(er,얼), ㄧ(i,이), ㄨ(u,우), ㄩ(ü,위)

聲調(성조)

− (1성), / (2성), ∨ (3성), \ (4성)

結合韻母(결합운모)

1) ㄧ(i)와 결합하는 것

≪ㄧㄚ(ia) : 이아 → 야≫ ≪ㄧㄛ(io) : 이오 → 요≫ ≪ㄧㄝ(ie) : 이에 → 예≫ ≪ㄧㄞ(iai) : 이아이 → 야이≫ ≪ㄧㄠ(iao) : 이아오 → 야오≫ ≪ㄧㄡ(iou) : 이오우 → 요우≫ ≪ㄧㄢ(ian) : 이안 → 옌≫ ≪ㄧㄣ(in) : 이언 → 인≫ ≪ㄧㄤ(iang) : 이앙 → 양≫ ≪ㄧㄥ(ing) : 이엉 → 잉≫

2) ㄨ(u)와 결합하는 것

≪ㄨㄚ(ua) : 와≫ ≪ㄨㄛ(uo) : 워≫ ≪ㄨㄞ(uai) : 와이≫ ≪ㄨㄟ(uei) : 웨이, **聲母와결합하면(우이)**≫ ≪ㄨㄢ(uan) : 완≫ ≪ㄨㄣ(uen) : 원, **聲母와結合하면(운)**≫ ≪ㄨㄤ(uang) : 왕≫ ≪ㄨㄥ(ueng) : 웡, **聲母와結合하면(웅)**≫

3)ㄩ(ü)와 결합하는 것

≪ㄩㄝ(üê) : 위에≫ ≪ㄩㄢ(üan) : 위안→위엔≫ ≪ㄩㄣ(ün) : 위언→원≫ ≪ㄩㄥ(iong) : 위엉→융, 용≫

머 리 말

　大陸인 中國에서는 오랜 歲月동안 複雜하고 어려운 繁體字를 使用해 오다가 1964年 中國文字改革委員會, 中華人民共和國文化部가 널리 通用되고 있는 略字를 蒐集 整理하여 [簡化字總表]를 公布하고 이를 根據로 簡體字 2,250 餘字를 制定하여 普及하였다.

　中國 漢字의 變遷過程에서 必然的 現象으로 社會發展과 科學技術이 現代化에 適應하기 爲한 情報處理 및 機械化에 따른 歷史的 趨勢에 따라 現在 中國에서 出版되는 書籍들은 大部分 簡化字되어 있어 우리가 읽고 배우는데 많은 번거로움이 있어 2,250 餘字중 中國에서 많이 使用하는 500 餘字만을 뽑아 收錄하여 中國書籍을 읽는데 不便을 解消하기 爲해 本 [簡體字筆記本]을 만들어 普及하게 되었다.

이 筆記本의 特徵은 다음과 같다.

1. 簡體字練習과 함께 6가지를 同時에 익힐 수 있다.
2. 많이 使用하는 字만 收錄하였다.
3. 漢語倂音字母順으로 되어 있다.
4. 注音符號도 익힐 수 있다.
5. 中國式解釋을 익힐 수 있다.
6. 漢字의 意(義)와 音을 익힐 수 있다.

凡 例

① 蠶	② 蚕	③ cán			
		④ ㄘㄢ			
⑤ 누에 양잠하다			蠶		
⑥ 누에 잠 누에칠 잠				蚕	

① 繁 體 字
② 簡 體 字
③ 漢 語 倂 音 字 母
④ 注 音 符 號
⑤ 中 國 式 解 釋
⑥ 漢字의 意(義)와 音

愛 爱	ài ㄞ								
사랑하다 하기를 좋아하다	愛 爱								
사랑 애 사모할 애	愛 爱								
礙 碍	ài ㄞ								
방해하다 해치다	礙 碍								
거리낄 애 가로막을 애	礙 碍								
襖 袄	ǎo ㄠ								
중국식저고리	襖 袄								
웃옷 오 갖옷 오	襖 袄								
罷 罢	bà ㄅㄚ								
그만두다 파면되다	罷 罢								
그만둘 파 내칠 파	罷 罢								
擺 摆	bǎi ㄅㄞ								
놓다 드러내다	擺 摆								
열릴 파 벌려놓을 파	擺 摆								

襬 襬	băi ㄅㄞ						
옷자락	襬						
치마 피	襬						
闆 板	băn ㄅㄢ						
널. 판. 판자	闆						
문속에서볼 반	板						
辦 办	bàn ㄅㄢ						
처리하다 창설하다. 경영하다	辦						
힘쓸 판 갖출 판	办						
幫 帮	bāng ㄅㄤ						
돕다 삯일을 하다	幫						
도울 방 패거리 방	帮						
寶 宝	băo ㄅㄠ						
진귀한 것 귀중한	寶						
보배 보 국새 보	宝						

報报	bào ㄅㄠ							
알리다 신문.회답하다	報							
알릴 보 갚을 보	报							
備备	bèi ㄅㄟ							
겸비하다 미리 갖추다	備							
준비 비 갖출 비	备							
筆笔	bǐ ㄅㄧ							
붓.필기구 글자를 쓰다	筆							
붓 필 쓸 필	笔							
幣币	bì ㄅㄧ							
화폐 예물을통털어일컫는말	幣							
비단 폐 돈 폐	币							
畢毕	bì ㄅㄧ							
마치다 온. 모든. 전	畢							
마칠 필 다할 필	毕							

斃 毙	bì ㄅㄧ							
죽다 쓰러지다	斃							
넘어질 폐 넘어뜨릴 폐	毙							
邊 边	biān ㄅㄧㄢ							
변. 가장자리 경계. 한계	邊							
가장자리 변 변방 변	边							
變 变	biàn ㄅㄧㄢ							
달라지다 변화시키다	變							
변할 변 고칠 변	变							
標 标	biāo ㄅㄧㄠ							
우듬지 말단. 표지	標							
표시 표 우듬지 표	标							
錶 表	biǎo ㄅㄧㄠ							
겉. 표면 시계. 계량기	錶							
몸시계 표	表							

彆別	bié ㄅㄧㄝ						
바꾸게하다 하지말라	彆						
나눌 별 활뒤틀릴 별	別						
賓宾	bīn ㄅㄧㄣ						
손님 복종하다.성(姓)	賓						
손님 빈 물리칠 빈	宾						
補补	bǔ ㄅㄨ						
보수하다 보충하다	補						
기울 보 도울 보	补						
纔才	cái ㄘㄞ						
비로소. 재능 방금. 근근히	纔						
재주 재 겨우 재	才						
參参	cān ㄘㄢ						
참가하다 참고하다	參						
참석할 참 빽빽할 참	参						

殘 残	cán ㄘㄢˊ							
불완전하다 남은. 나머지	殘							
쇠잔할 잔 나머지 잔	残							
蠶 蚕	cán ㄘㄢˊ							
누에 양잠하다	蠶							
누에 잠 누에칠 잠	蚕							
慘 惨	cǎn ㄘㄢˇ							
비참하다 엄중하다	慘							
참혹할 참 애처러울 참	惨							
倉 仓	cāng ㄘㄤ							
창고 배의 내부	倉							
창고 창 슬퍼할 창	仓							
層 层	céng ㄘㄥˊ							
층. 겹. 겹친 층층이.겹겹이	層							
층 층 겹칠 층	层							

攙 搀	chān ㄔㄢ								
부축하다 섞다.타다.이것	攙								
찌를 참 날카로울 참	搀								
讒 谗	chán ㄔㄢ								
험담하다 중상모략하다	讒								
참소할 참 해칠 참	谗								
饞 馋	chán ㄔㄢ								
게걸스럽다 욕망이강하다	饞								
탐할 참	馋								
產 产	chǎn ㄔㄢ								
낳다 생산하다	產								
낳을 산 기를 산	产								
嘗 尝	cháng ㄔㄤ								
맛보다 일찍이.이전에	嘗								
맛볼 상 시험할 상	尝								

償	偿	cháng ㄔㄤ							
갚다.보상하다 채우다.실현하다	償								
갚을 상 보상 상	偿								
長	长	cháng ㄔㄤ							
길다 길이. 장점	長								
긴 장 어른 장	长								
廠	厂	chǎng ㄔㄤ							
공장 장치. 움집	廠								
헛간 창 공장 창	厂								
場	场	chǎng ㄔㄤ							
장소. 무대 장면.번.차례	場								
마당 장 싸움터 장	场								
徹	彻	chè ㄔㄜ							
꿰뚫다.관통하다 치우다. 부수다	徹								
통할 철 밝을 철	彻								

陳 陈	chén ㄔㄣ						
늘어놓다 벌려놓다	陳 陈						
늘어놓을 진 펼 진	陳 陈						
塵 尘	chén ㄔㄣ						
먼지. 티끌 속세. 일세	塵 尘						
티끌 진 속세 진	塵 尘						
襯 衬	chèn ㄔㄣ						
안에다 대다 안감. 심	襯 衬						
속옷 친 가까이할 친	襯 衬						
稱 称	chēng ㄔㄥ						
부르다 명칭. 호칭	稱 称						
일컬을 칭 저울 칭	稱 称						
懲 惩	chéng ㄔㄥ						
징벌하다 경계하다	懲 惩						
혼낼 징 징계 징	懲 惩						

遲迟	chí ㄔˊ								
느리다.더디다 늦다. 둔하다	遲								
늦을 지 기다릴 지	迟								
齒齿	chǐ ㄔˇ								
이 연령. 언급하다	齒								
이(나이) 치 주사위 치	齿								
衝冲	chōng ㄔㄨㄥ								
힘차다 돌진하다	衝								
찌를 충 뒤얽일 충	冲								
蟲虫	chóng ㄔㄨㄥˊ								
곤충. 동물 버러지같은놈	蟲								
벌레 충 좀먹을 충	虫								
籌筹	chóu ㄔㄡˊ								
산 가지 계획하다	籌								
산대 주 꾀 주	筹								

醜 丑	chǒu ㄔㄡ							
추. 못생기다 용모가 추하다	醜丑							
더러울 추 미워할 추	醜丑							
齣 出	chū ㄔㄨ							
나가다. 극, 오페라 따위의 일 막	齣出							
구절 척 희곡의한단락 척	齣出							
芻 刍	chú ㄔㄨ							
꼴. 목초 풀을 베다	芻刍							
꼴 추 풀을벨 추	芻刍							
處 处	chǔ ㄔㄨ							
살다. 생활하다	處处							
머무르 처 곳 처	處处							
礎 础	chǔ ㄔㄨ							
주춧돌 초석	礎础							
기초 초 주춧돌 초	礎础							

觸/触	chù ㄔㄨ							
접촉하다 닿다. 감동하다	觸触							
닿을 촉 의거할 촉	觸触							
瘡/疮	chuāng ㄔㄨㄤ							
부스름. 종기 외상	瘡疮							
부스름 창 상처낼 창	瘡疮							
辭/辞	cí ㄘ							
말. 언사 고별하다	辭辞							
말씀 사 사양할 사	辭辞							
聰/聪	cōng ㄘㄨㄥ							
청력. 청각 귀가 밝다	聰聪							
귀밝을 총 들을 총	聰聪							
從/从	cóng ㄘㄨㄥ							
쫓다 부터. 지금까지	從从							
쫓을 종 따를 종	從从							

叢	丛	cóng ㄘㄨㄥ							
군집하다 숲. 무리. 떼	叢								
모일 총 떨기 총	丛								
竄	窜	cuàn ㄘㄨㄢ							
달아나다 몰아내다	竄								
숨을 찬 달아날 찬	窜								
達	达	dá ㄉㄚ							
통하다 도달하다	達								
통할 달 이를 달	达								
帶	带	dài ㄉㄞ							
띠. 벨트. 끈 지니다. 휴대하다	帶								
띠 대 데리고다닐 대	带								
擔	担	dān ㄉㄢ							
메다. 지다 맡다.담당하다	擔								
멜(질) 담 맡을 담	担								

單 单	dān ㄉㄢ							
홑의. 하나의 혼자의.단독의	單 单							
하나 단 오직 단	單 单							
膽 胆	dǎn ㄉㄢ							
쓸개. 담력 담	膽 胆							
쓸개 담 담력 담	膽 胆							
當 当	dāng ㄉㄤ							
상당하다 담당하다	當 当							
마땅할 당 주관할 당	當 当							
黨 党	dǎng ㄉㄤ							
정당 집단. 파벌	黨 党							
무리 당 많은사람 당	黨 党							
檔 档	dàng ㄉㄤ							
선반. 장 문서. 서류	檔 档							
걸상 당 귀틀 당	檔 档							

導导	dǎo ㄉㄠ							
인도하다 선도하다	導							
이끌 도 통할 도	导							
燈灯	dēng ㄉㄥ							
등. 등불 전자관.진공관	燈							
등불 등 등 등	灯							
鄧邓	dèng ㄉㄥ							
국명. 지명. 성 등에 쓰임	鄧							
나라이름 등 땅이름 등	邓							
敵敌	dí ㄉㄧ							
적. 상대 대항하다	敵							
원수 적 사대 적	敌							
糴籴	dí ㄉㄧ							
(식량을)사다 사들이다	糴							
쌀사들일 적 구두쇠 적	籴							

遞递	dì ㄉㄧ							
넘겨주다 차례대로	遞							
갈마들 체 번갈아 체	递							
點点	diǎn ㄉㄧㄢ							
(액체의)방울. 점 약간. 조금	點							
점 점 세다 점	点							
澱淀	diàn ㄉㄧㄢ							
침전물.찌꺼기 얕은 호수	澱							
앙금 전 물괴일 전	淀							
電电	diàn ㄉㄧㄢ							
전기 감전되다	電							
번개 전 전기 전	电							
墊垫	diàn ㄉㄧㄢ							
받치다. 깔다 공백을 메꾸다	墊							
빠질 점 파내려갈 점	垫							

鼕	冬	dōng							
		ㄉㄨㄥ							
겨울 (의성어)둥둥	鼕								
겨울 동 월동 동	冬								
東	东	dōng							
		ㄉㄨㄥ							
동쪽 주인. 초대자	東								
동녘 동 동쪽으로갈 동	东								
凍	冻	dòng							
		ㄉㄨㄥ							
(물 따위가)얼다 (손발이) 얼다	凍								
얼 동 추울 동	冻								
棟	栋	dòng							
		ㄉㄨㄥ							
마룻대 동(棟). 채	棟								
용마루 동 마룻대 동	栋								
動	动	dòng							
		ㄉㄨㄥ							
움직이다 바꾸다	動								
움직일 동 놀랄 동	动								

鬪	斗	dǒu ㄉㄡ							
싸우다 투쟁하다	鬪 斗								
싸울　투 전쟁　투									
獨	独	dú ㄉㄨ							
단독. 혼자 홀로. 홀몸	獨 独								
홀로　독 어찌　독									
斷	断	duàn ㄉㄨㄢ							
자르다 판단하다	斷 断								
끊을　단 결단할　단									
對	对	duì ㄉㄨㄟ							
대답하다 대응하다	對 对								
대답할　대 대할　대									
隊	队	duì ㄉㄨㄟ							
대열. 행렬 팀. 무리	隊 队								
떼　대 무리　대									

頓 吨	dūn ㄉㄨㄣ						
톤 1000킬로그램	頓						
톤 톤	吨						
奪 夺	duó ㄉㄨㄛ						
강제로 빼앗다 쟁취하다	奪						
빼앗을 탈 잃을 탈	夺						
墮 堕	duò ㄉㄨㄛ						
빠지다 떨어지다	墮						
떨어질 타 무너질 타	堕						
惡 恶	è ㄜ						
악행 흉악하다	惡						
악할 악 미워할 오	恶						
兒 儿	ér ㄦ						
아이. 어린이 아들. 사내아이	兒						
아이 아 연약할 예	儿						

爾 尔	ěr ㄦ							
너. 그대 그것. 저것	爾							
너 이 그 이	尔							
發 发	fā ㄈㄚ							
보내다 발사하다	發							
필 발 쏠 발	发							
髮 发	fǎ ㄈㄚ							
두발 머리카락	髮							
터럭 발 초목 발	发							
礬 矾	fán ㄈㄢ							
반류 금속의유산염	礬							
명반 반	矾							
範 范	fàn ㄈㄢ							
모형.주형.모범 본보기. 범위	範							
모범 범 한계 범	范							

飛 飞	fēi ㄈㄟ							
날다 비행하다	飛 飞							
날 비 빠를 비								
墳 坟	fén ㄈㄣ							
무덤 돌출하다	墳 坟							
무덤 분 언덕 분								
奮 奋	fèn ㄈㄣ							
분발하다 흔들다	奮 奋							
떨칠 분 성을낼 분								
糞 粪	fèn ㄈㄣ							
똥. 대변 소제하다	糞 粪							
똥 분 걸우을 분								
豐 丰	fēng ㄈㄥ							
풍성하다 넉넉하다. 많다	豐 丰							
풍성할 풍 넉넉할 풍								

風/凤	fēng ㄈㄥ						
바람 풍속. 습관	風						
바람 풍 풍자할 풍	凤						
鳳/凤	fèng ㄈㄥ						
봉황. 수컷 (요리에나오는)닭	鳳						
봉황새 봉 봉황새수컷 봉	凤						
膚/肤	fū ㄈㄨ						
피부 (형) 천박하다	膚						
피부 부 살갖 부	肤						
麩/麸	fū ㄈㄨ						
밀기울	麩						
밀기울 부	麸						
婦/妇	fù ㄈㄨ						
부녀자 처. 며느리	婦						
며느리 부 아내 부	妇						

- 23 -

復 复	fù ㄈㄨ							
중복하다 또. 다시. 도로	復							
회복할 복 다시 부	复							
複 复	fù ㄈㄨ							
돌아오다(가다) 회복하다	複							
겹옷 복 겹쳐질 복	复							
蓋 盖	gài ㄍㄞ							
덮개. 뚜껑 덮다. 씌우다	蓋							
덮을 개 문짝 합	盖							
乾 干	gān ㄍㄢ							
건조하다 헛되이.공연히	乾							
마를 건 하늘 건	干							
趕 赶	gǎn ㄍㄢ							
뒤쫓다 서두르다	趕							
달릴 간 쫓을 간	赶							

幹干	gàn ㄍㄢ							
줄기. 간부 볼일. 용무	幹干							
줄기 간 주관할 간	幹干							
個个	gè ㄍㄜ							
개. 명 단독의	個个							
낱(개성) 개 개 개	個个							
鞏巩	gǒng ㄍㄨㄥ							
견고하다 지명에쓰이는자	鞏巩							
묶을 공 굳을 공	鞏巩							
溝沟	gōu ㄍㄡ							
도랑. 하수구 협곡. 골짜기	溝沟							
도랑 구 어리석을 구	溝沟							
構构	gòu ㄍㄡ							
얽어짜다 결정하다	構构							
얽을 구 맺을 구	構构							

購	购	gòu ㄍㄡ							
사다 구입하다		購							
구매할 구 화해할 구		购							
穀	谷	gǔ ㄍㄨ							
곡식. 곡물 계곡. 골짜기		穀							
곡식 곡 양식 곡		谷							
顧	顾	gù ㄍㄨ							
뒤돌아보다 주의하다		顧							
돌아볼 고 응시할 고		顾							
颳	刮	guā ㄍㄨㄚ							
바람이 불다 깎다. 밀다		颳							
모진바람 괄		刮							
關	关	guān ㄍㄨㄢ							
문을 닫다 관계가 있다		關							
관계 관 활당길 완		关							

觀 观	guān ㄍㄨㄢ							
보다.구경하다 모습.경치.경색	觀 观							
볼 관 살필 관	觀 观							
廣 广	guǎng ㄍㄨㄤ							
폭. 넓이 많다.확대하다	廣 广							
넓을 광 넓이 광	廣 广							
歸 归	guī ㄍㄨㄟ							
돌아가다 돌려주다	歸 归							
돌아갈 귀 돌아올 귀	歸 归							
龜 龟	guī ㄍㄨㄟ							
거북 기생오라비	龜 龟							
거북 (귀)구 갈라질 균	龜 龟							
櫃 柜	guì ㄍㄨㄟ							
찬장 계산대. 상점	櫃 柜							
궤 궤 상자 궤	櫃 柜							

國国	guó ㄍㄨㄛˊ						
국가. 나라 자기나라	國						
나라 국 고향 국	国						
過过	guò ㄍㄨㄛˋ						
가다.초과하다 통하다. 잘못	過						
지날 과 허물 과	过						
漢汉	hàn ㄏㄢˋ						
한. 한족 은하. 남자	漢						
한수 한 사나이 한	汉						
號号	hào ㄏㄠˋ						
이름. 명칭 번호를매기다	號						
부를 호 부르짖을 호	号						
轟轰	hōng ㄏㄨㄥ						
쾅. 폭음 천둥치다	轟						
울릴 굉 좇을 굉	轰						

後后 hòu ㄏㄡ								
뒤. 후 다음.장래.자손	後							
뒤 후 뒤로할 후	后							
壺壶 hú ㄏㄨ								
술병. 단지 주전자	壺							
병 호 투호 호	壶							
滬沪 hù ㄏㄨ								
오송강 하류 상해의 다른이름	滬							
강이름 호 어부 호	沪							
護护 hù ㄏㄨ								
지키다 비호하다	護							
보호 호 지킬 호	护							
華华 huá ㄏㄨㄚ								
광채. 빛나다 중국. 중국어	華							
빛날 화 꽃 화	华							

畫画	huà ㄏㄨㄚˋ						
그리다 그림. 구분하다	畫画						
그림 화 그릴 화	畫画						
劃划	huà ㄏㄨㄚˋ						
긋다. 나누다 계획하다	劃划						
그을 획 꾀할 획	劃划						
懷怀	huái ㄏㄨㄞˊ						
품. 가슴 마음.생각.임신하다	懷怀						
품을 회 마음 회	懷怀						
壞坏	huài ㄏㄨㄞˋ						
나쁘다 악하다.상하다	壞坏						
무너질 괴 앓을 괴	壞坏						
歡欢	huān ㄏㄨㄢ						
즐겁다 활발하다	歡欢						
기뻐할 환 임 환	歡欢						

環环	huán ㄏㄨㄢ							
고리 둘러싸다.돌다	環环							
고리 환 물러날 환	環环							
還还	hái ㄏㄨㄞ							
돌아가다 돌려주다	還还							
돌아올 환 돌 선	還还							
會会	huì ㄏㄨㄟ							
모이다 단체.조직	會会							
모을 회 때 회	會会							
穢秽	huì ㄏㄨㄟ							
더럽다 추악하다	穢秽							
더러울 예 거칠 예	穢秽							
滙汇	huì ㄏㄨㄟ							
물이 한곳으로 모이다 송금하다	滙汇							
물돌 회 어음 회	滙汇							

彙汇	huì ㄏㄨㄟ							
한데 모으다 환. 환어음	彙汇							
모를 휘 무리 휘	彙汇							
夥伙	huǒ ㄏㄨㄛ							
식사 동료. 친구. 무리	夥伙							
많을 과 (본자는) 화	夥伙							
獲获	huò ㄏㄨㄛ							
잡다 얻다.획득하다	獲获							
얻을 획 실심할 확	獲获							
穫获	huò ㄏㄨㄛ							
수확하다 베어들이다	穫获							
거둘 확 얻들 확	穫获							
機机	jī ㄐㄧ							
기계. 기구 기회. 시기	機机							
기계 기 때 기	機机							

饑饥	jī ㄐㄧ							
굶주리다 흉작	饑饥							
굶을 기 주릴 기	饑饥							
擊击	jī ㄐㄧ							
치다. 두드리다 공경하다	擊击							
칠 격 부딪칠 격	擊击							
積积	jī ㄐㄧ							
쌓다 오래된	積积							
쌓을 적 포갤 적	積积							
鷄鸡	jī ㄐㄧ							
닭	鷄鸡							
닭 계	鷄鸡							
極极	jí ㄐㄧ							
절정. 최고도 아주. 지극히	極极							
극할 극 다할 극	極极							

幾几	jǐ ㄐㄧ							
작은 탁자 거의, 하마터면	幾							
몇 기 기미 기	几							
擠挤	jǐ ㄐㄧ							
붐비다 밀치다, 밀다	擠							
밀 제 배척할 제	挤							
濟济	jǐ ㄐㄧ							
건너다 구제하다	濟							
건널 제 구제할 제	济							
劑剂	jì ㄐㄧ							
약제,제조한약 배합하다	劑							
약지을 제 조제한약 제	剂							
際际	jì ㄐㄧ							
가장자리 속, 가운데	際							
사이 제 가장자리 제	际							

繼 继	jì ㄐㄧ							
계속하다 그 다음에	繼							
이을 계 후계 계	继							
傢 家	jiā ㄐㄧㄚ							
가정	傢							
세간 가 기물 가	家							
夾 夹	jiā ㄐㄧㄚ							
끼우다 뒤섞이다	夾							
낄 협 곁 협	夹							
價 价	jià ㄐㄧㄚ							
값, 가격 가치, 원자가의	價							
값 가 값어치 가	价							
艱 艰	jiān ㄐㄧㄢ							
곤란하다 부모의상	艱							
어려울 간 괴로울 간	艰							

- 35 -

監 监	jiān ㄐㄧㄢ							
감시하다 감옥	監							
볼 감 살필 감	监							
堅 坚	jiān ㄐㄧㄢ							
단단하다 굳다, 강하게	堅							
굳을 견 강할 견	坚							
殲 歼	jiān ㄐㄧㄢ							
섬멸하다	殲							
다죽일 섬 섬멸할 섬	歼							
揀 拣	jiān ㄐㄧㄢ							
고르다 습득하다	揀							
가릴 간 일어설 간	拣							
儉 俭	jiān ㄐㄧㄢ							
검소하다 부족하다	儉							
검소할 검	俭							

檢 检	jiǎn ㄐㄧㄢˇ						
검사하다 규제하다	檢						
검사할 검	检						
繭 茧	jiǎn ㄐㄧㄢˇ						
고치 굳은살	繭						
고치 견 이어질 견	茧						
薦 荐	jiàn ㄐㄧㄢˋ						
추천하다 초석, 자꾸	薦						
추천할 천 천거할 천	荐						
鑒 鉴	jiàn ㄐㄧㄢˋ						
거울 비추다, 자세히보다	鑒						
거울 감 비칠 감	鉴						
艦 舰	jiàn ㄐㄨㄢˋ						
군함 함대	鑒						
싸움배 함 군함 함	鉴						

薑 姜	jiān ㄐㄧㄤ							
생강 부추기다	薑							
생강 강	姜							
將 将	jiāng ㄐㄧㄤ							
부축하다 거느리다	將							
장수 장 장차 장	将							
漿 浆	jiāng ㄐㄧㄤ							
진한액체 풀을먹이다	漿							
미음 장 초 장	浆							
獎 奖	jiǎng ㄐㄧㄤ							
자려하다 칭찬(표창)하다	獎							
권면할 장 칭찬할 장	奖							
槳 桨	jiǎng ㄐㄧㄤ							
(배의 짧고 작은) 노	槳							
상앗대 장	桨							

講/讲	jiǎng ㄐㄧㄤˇ							
말하다 설명하다	講							
가르칠 강 강론할 강	讲							
醬/酱	jiàng ㄐㄧㄤˋ							
된장 암갈색, 걸쭉하다	醬							
육장 장 된장 장	酱							
膠/胶	jiāo ㄐㄧㄠ							
아교 수지, 고무	膠							
아교 교 붙을 교	胶							
階/阶	jiē ㄐㄧㄝ							
섬돌, 계단 계급, 등급	階							
섬돌 계 층계 계	阶							
癤/疖	jiē ㄐㄧㄝ							
종기 부스럼	癤							
부스럼 절 멍울 절	疖							

節	节	jié ㄐㄧㄝˊ						
마디 관절, 음률	節							
마디 절 때 절	节							
潔	洁	jié ㄐㄧㄝˊ						
청결하다 청렴하다	潔							
깨끗할 결 맑을 결	洁							
藉	借	jiè ㄐㄧㄝˋ						
빌다, 꾸다 핑계삼다	藉							
깔개 자 빌 자	借							
緊	紧	jǐn ㄐㄧㄣˇ						
팽팽하다 단단하다	緊							
굳게얽을 긴 오그라질 긴	紧							
僅	仅	jǐn ㄐㄧㄣˇ						
겨우,가까스로 다만, 단지	僅							
겨우 근 거의 근	仅							

儘 尽	jǐn ㄐㄧㄣˇ							
되도록,될수록 줄곧, 내내	儘尽							
다할 진 조금 진	儘尽							
盡 尽	jìn ㄐㄧㄣˋ							
다 없어지다 줄곧, 내내	盡尽							
다할 진 정성 진	盡尽							
進 进	jìn ㄐㄧㄣˋ							
나아가다 사들이다	進进							
나아갈 진 올리다 진	進进							
燼 烬	jìn ㄐㄧㄣˋ							
재 타고남은 찌꺼기	燼烬							
깜부기 불 나머지 불	燼烬							
經 经	jīng ㄐㄧㄥ							
날실, 경영하다 경도, 경선	經经							
날 경 다스릴 경	經经							

驚 惊	jīng ㄐㄧㄥ								
놀라다 터지다	驚								
놀랄 경 놀랠 경	惊								
競 竞	jìng ㄐㄧㄥ								
다투다 경쟁하다	競								
다툴 경 쫓다 경	竞								
舊 旧	jiù ㄐㄧㄡ								
옛날의, 과거의 헐다, 낡다	舊								
옛 구 올다 구	旧								
舉 举	jǔ ㄐㄩ								
들어올리다 거동, 행위	舉								
들 거 오르다 거	举								
劇 剧	jù ㄐㄩ								
연극 심하다, 크다	劇								
심할 극 연극 극	剧								

據据	jù ㄐㄩ							
점거하다 의지하다	據							
일할 거 의거할 거	据							
懼惧	jù ㄐㄩ							
두려워하다 겁내다	懼							
두려울 구 위태로와할 구	惧							
捲卷	juǎn ㄐㄩㄢ							
말다, 감다	捲							
말 권 힘쓸 권	卷							
覺觉	jué ㄐㄩㄝ							
감각, 느낌 깨어나다	覺							
깨달을 각 깰 교	觉							
開开	kāi ㄎㄞ							
열다 트다, 끓다	開							
열 개 피다 개	开							

剋克	kè ㄎㄜ						
할수있다 극복하다	剋克						
극복할 극 잘할 극	剋克						
墾垦	kěn ㄎㄣ						
개간하다 개척하다	墾垦						
개간할 간 힘쓸 간	墾垦						
懇恳	kěn ㄎㄣ						
간절하다 부탁하다	懇恳						
정성 간 간절할 간	懇恳						
誇夸	kuā ㄎㄨㄚ						
과장하다 칭찬하다	誇夸						
과장할 과 자랑할 과	誇夸						
塊块	kuài ㄎㄨㄞ						
덩어리 함께, 장소	塊块						
흙덩이 괴 덩이 괴	塊块						

礦 矿	kuàng ㄎㄨㄤ							
광물 광산	礦							
광석 광 쇳돌 광	礦 矿							
虧 亏	kuī ㄎㄨㄟ							
부족하다 손해보다	虧							
이즈러질 휴 그칠 휴	亏							
睏 困	kùn ㄎㄨㄣ							
고생하다 곤란하다	睏							
곤할 곤 노곤할 곤	困							
擴 扩	kuò ㄎㄨㄛ							
넓히다 확대하다	擴							
넓힐 확 늘일 확	扩							
臘 腊	là ㄌㄚ							
납향 음력섣달	臘							
납향 랍 섣달 랍	腊							

蠟蜡	là ㄌㄚ							
납, 밀납 초, 양초, 고통	蠟							
밀 랍 밀 초	蜡							
來来	lái ㄌㄞ							
오다 발생하다	來							
올 래 그다음 래	来							
蘭兰	lán ㄌㄢ							
난초 향등골 나물	蘭							
난초 란 목란 란	兰							
攔拦	lán ㄌㄢ							
(가로) 막다 저지(방해)하다	攔							
막을 란 간막이 란	拦							
欄栏	lán ㄌㄢ							
난간 가축의 우리	欄							
난간 란 우리 란	栏							

爛 烂	làn ㄍㄢ							
물렁물렁하다 어수선하다	爛							
빛날 란 문드러질 란	烂							
勞 劳	láo ㄌㄠ							
일(하다), 노동 수고를 끼치다	勞							
수고로울 로 위로할 로	劳							
癆 痨	láo ㄌㄠ							
결핵	癆							
폐결핵 로 중독 로	痨							
樂 乐	lè ㄌㄜ							
즐겁다 좋아하다, 웃다	樂							
즐거울 락 풍류 악, 좋아할 요	乐							
纍 累	léi ㄌㄟ							
복잡하다 밧줄, 오랏줄	纍							
맬 류 얽힐 류	累							

壘 壘	lěi ㄌㄟ							
쌓다 성채, 진지, 베이스	壘							
진 루 이을 루	壘							
類 类	lèi ㄏㄟ							
종류, 같은부류 유사하다	類							
무리 류 닮을 류	类							
離 离	lí ㄌㄧ							
분리하다 결핍하다	離							
떠날 리 나눌 리	离							
裏 里	lǐ ㄌㄧ							
속 거친면, 안쪽	裏							
속 리 안 리	里							
禮 礼	lǐ ㄌㄧ							
의식, 예식 경례, 선물	禮							
예도 례 예법 례	礼							

麗 丽	lì ㄌㄧ								
아름답다 부착하다	麗 丽								
고울 려 나라이름 려									
厲 厉	lì ㄌㄧ								
엄(격)하다 엄숙하다	厲 厉								
사나울 려 숫돌 려									
勵 励	lì ㄌㄧ								
노력하다 격려하다	勵 励								
힘쓸 려 권면할 려									
曆 历	lì ㄌㄧ								
역법 역서, 행사일정표	曆 历								
책력 력 역법 력									
歷 历	lì ㄌㄧ								
경험하다 지나다	歷 历								
지낼 력 뛰어넘을 력									

隸 隶	lì ㄌㄧ							
속하다 노예, 관청의 용인	隸隶							
종 례 죄인 례	隸隶							
倆 俩	liǎ ㄌㄧㄚ							
두 개 조금, 얼마쯤	倆俩							
재주 량 둘 량	倆俩							
簾 帘	lián ㄌㄧㄢ							
발, 커튼	簾帘							
발 렴 문발 렴	簾帘							
聯 联	lián ㄌㄧㄢ							
연결하다 대련	聯联							
잇닿을 련 합칠 련	聯联							
憐 怜	lián ㄌㄧㄢ							
동정하다 귀여워하다	憐怜							
불쌍히여길 련 그리워할 련	憐怜							

戀恋	lià n ㄌㄧㄢˋ							
연애(하다) 그리워하다	戀							
생각할 련 그리워할 련	恋							
煉炼	liàn ㄌㄧㄢˋ							
정제하다 달구다, 불리다	煉							
불릴 련 굽다 련	炼							
練练	liàn ㄌㄧㄢˋ							
흰 명주 연습하다	練							
익힐 련 가릴 련	练							
糧粮	liáng ㄌㄧㄤˊ							
양식, 식량 식품, 농업세	糧							
양식 량 구실 량	粮							
兩两	liǎng ㄌㄧㄤˇ							
쌍방, 양쪽 둘	兩							
둘 량 양반 양	两							

輛 辆	liàng ㄌㄧㄤ							
대 차량을셀때쓰는양사	輛							
수레 량 나란할 량	輛							
療 疗	liáo ㄌㄧㄠ							
(병을)고치다 물리치다	療							
병고칠 료 앓을 삭	疗							
遼 辽	liáo ㄌㄧㄠ							
멀다 요령성의약칭	遼							
멀 료 느슨할 료	辽							
瞭 了	liǎo ㄌㄧㄠ							
완결하다 명백하다	瞭							
밝을 료 멀 료	了							
獵 猎	liè ㄌㄧㄝ							
사냥하다 찾아다니다	獵							
사냥할 렵 잡을 렵	猎							

臨 临	lín ㄌㄧㄣ							
임하다 이르다	臨							
임할 림 곡할 림	临							
鄰 邻	lín ㄌㄧㄣ							
이웃 인접하다	鄰							
이웃 린 닮을 린	邻							
靈 灵	líng ㄍㄧㄥ							
날래다 영령, 신통하다	靈							
신령 령 영혼 령	灵							
齡 龄	líng ㄍㄧㄥ							
나이, 연령 세, 살, 연한	齡							
나이 령	龄							
嶺 岭	lǐng ㄌㄧㄥ							
재, 고개 큰 산맥	嶺							
재(고개) 령 산봉우리 령	岭							

劉刘	liú ㄌㄧㄡ							
죽이다 이울다,성(姓)	劉							
죽일 류 베풀 류	刘							
瀏浏	liú ㄍㄧㄡ							
물이맑고투명한모양 바람이 세찬 모양	瀏							
맑을 류 흐를 류	浏							
龍龙	lóng ㄌㄨㄥ							
용, 천자 훌륭한 사람	龍							
용 룡 임금 룡	龙							
婁娄	lóu ㄌㄡ							
허약하다 변질하다	婁							
별이름 루 성길 루	娄							
樓楼	lóu ㄌㄡ							
층, 층집 망루	樓							
누각 루 망루 루	楼							

盧 卢	lú ㄌㄨ							
검다 옛날나라이름	盧							
검을 로 밥그릇 로	卢							
廬 庐	lú ㄌㄨ							
오막살이 오두막집	廬							
오두막 려 주막 려	庐							
瀘 泸	lú ㄌㄨ							
노수 지금의 노강	瀘							
강이름 로	泸							
蘆 芦	lú ㄌㄨ							
갈대 성(姓)	蘆							
갈대 로 무우 로	芦							
爐 炉	lú ㄌㄨ							
아궁이 지명에 쓰는 글자	爐							
화로 로 뙤양볕 로	炉							

- 55 -

鹵 卤	lǔ ㄌㄨ								
간수 일종의 소스	卤								
소금　　로 소금밭　로	卤								
滷 卤	lǔ ㄍㄨ								
고염, 간수 진한음료	滷								
소금밭　로 간수　　로	卤								
虜 虏	lǔ ㄌㄨ								
사로잡다 포로	虜								
사로잡을 로 종　　　로	虏								
錄 录	lù ㄌㄨ								
기록하다 쓰다, 베끼다	錄								
기록할 록 베낄　 록	录								
陸 陆	lù ㄌㄨ								
육지, 땅, 뭍 성(姓)	陸								
육지(뭍) 륙 언덕　　 륙	陆								

驢 驴	lǘ ㄌㄩ							
당나귀	驢							
당나귀 려	驴							
屢 屡	lǚ ㄌㄩ							
자주, 종종 여러번, 누차	屢							
여러 루 번거로울 루	屡							
慮 虑	lǜ ㄌㄩ							
생각하다 걱정하다	慮							
근심할 려 염려 려	虑							
濾 滤	lǜ ㄎㄩ							
여과하다 거르다	濾							
거를 려 맑게할 려	滤							
亂 乱	luàn ㄌㄨㄢ							
혼란하다 전쟁, 반란	亂							
다스릴 란 어지러울 란	乱							

倫	伦	lún ㄌㄨㄣ							
인류, 조리 동류, 동등	倫								
인륜 륜 무리 륜	伦								
羅	罗	luó ㄌㄨㄛ							
새그물 초청하다	羅								
그물 라 돌 라	罗								
買	买	mǎi ㄇㄞ							
사다 세내다	買								
살 매 세낼 매	买								
賣	卖	mài ㄇㄞ							
팔다 팔아먹다	賣								
팔 매 속일 매	卖								
邁	迈	mài ㄇㄞ							
활보하다 앞지르다	邁								
갈 매 지날 매	迈								

麥麦	mài ㄇㄞˋ							
맥류, 밀 성(姓)	麥							
보리　맥 묻다　맥	麦							
蠻蛮	mán ㄇㄢˊ							
거칠다, 난폭하다 매우, 아주, 전혀	蠻							
오랭캐　만 업신여길　만	蛮							
麽么	me ㄇㄜ							
접미사의 하나	麽							
갈　마 그런가　마	么							
黴霉	méi ㄇㄟˊ							
곰팡이 부패하다	黴							
곰팡이　미 검을　미	霉							
矇蒙	méng ㄇㄥˊ							
속이다, 기만하다 짐작하다, 멍해지다	矇							
소경　몽 어리석을 몽	蒙							

夢梦	mèng ㄇㄥˋ						
꿈, 환상, 공상 헛된 생각	夢						
꿈 몽 어두울 몽	梦						
彌弥	mí ㄇㄧˊ						
가득차다 보충하다	彌						
두루미칠 미 그칠 미	弥						
麵面	miàn ㄇㄧㄢˋ						
곡물의 가루 향하다, 표면, 겉면	麵						
밀가루 면 국수 면	面						
廟庙	miào ㄇㄧㄠˋ						
사당, 종묘 사찰, 재일	廟						
사당 묘 위패 묘	庙						
滅灭	miè ㄇㄧㄝˋ						
불이 꺼지다 소멸하다	滅						
멸할 멸 끌 멸	灭						

蠛 蔑	miè ㄇㄧㄝ							
작다, 없다 코피, 더럽히다	蠛							
업신여길 멸	蔑							
畝 亩	mǔ ㄇㄨ							
토지면적의 단위 묘, 논(밭)두렁	畝							
이랑 묘 논밭단위 묘	亩							
難 难	nán ㄋㄢ							
어렵다 곤란하게하다	難							
어려울 난 고생할 난	难							
腦 脑	nǎo ㄋㄠ							
뇌, 두뇌, 지능 우두머리, 두목	腦							
뇌 뇌 머리 뇌	脑							
惱 恼	nǎo ㄋㄠ							
화내다, 성내다 고민하다	惱							
괴로워할 뇌 괴롭힐 뇌	恼							

擬 拟	nǐ ㄋㄧ						
기초하다 모방하다	擬						
헤아릴 의 견줄 의	拟						
釀 酿	niàng ㄋㄧㄤ						
양조하다 점차 생기다, 술	釀						
술빚을 양 뒤섞을 양	酿						
鳥 鸟	niǎo ㄋㄧㄠ						
새	鳥						
새 조 땅이름 작	鸟						
鑷 镊	niè ㄋㄧㄝ						
족집게, 핀셋트 머리핀	鑷						
족집게 섭 뽑을 섭	镊						
寧 宁	níng ㄋㄧㄥ						
편안하다 이와 같은	寧						
편안 녕 문안하다 녕	宁						

農农	nóng ㄋㄨㄥ							
농업, 농민 성(姓)	農农							
농사 농 농부 농	農农							
瘧疟	nuè ㄋㄩㄝ							
학질, 말라리아	瘧疟							
학질 학	瘧疟							
歐欧	ōu ㄡ							
유럽 성(姓)	歐欧							
토할 구 노래할 구	歐欧							
盤盘	pán ㄆㄢ							
큰 접시 빙빙돌다	盤盘							
쟁반 반 반석 반	盤盘							
闢辟	pì ㄆㄧ							
열다, 법 투철하다	闢辟							
열 벽 물리칠 벽	闢辟							

蘋苹	píng ㄆㄧㄥ							
부평초 개구리밥	蘋苹							
마름 빈 풀이름 빈	蘋苹							
憑凭	píng ㄆㄧㄥ							
기대다 의지하다	憑凭							
기댈 빙 의거할 빙	憑凭							
撲扑	pū ㄆㄨ							
뛰어들다 몰두하다	撲扑							
칠 박 때려눕힐 박	撲扑							
僕仆	pú ㄆㄨ							
종, 하인 저, 소인, 마부	僕仆							
종 복 마부 복	僕仆							
樸朴	pǔ ㄆㄨ							
소박(순박)하다 가공하지않은목재	樸朴							
소박할 박 천진할 박	樸朴							

齊 齐	qí ㄑㄧ								
가지런하다 같다, 이르다	齊								
가지런할 제 같을 제	齐								
啓 启	qǐ ㄑㄧ								
열다, 뜯다 깨우치다	啓								
열 계 열릴 계	启								
豈 岂	qǐ ㄑㄧ								
어찌~하겠는가? 어떻게…하겠는가?	豈								
즐길 기 어찌 기	岂								
氣 气	qì ㄑㄧ								
기체, 가스 공기, 호흡, 숨	氣								
기운 기 숨기 기	气								
遷 迁	qiān ㄑㄧㄢ								
옮기다 변화하다	遷								
옮길 천 천도 천	迁								

籤签	qiān ㄑㄧㄢ							
서명하다 찌, 쪽지, 제비	簽							
농 첨 찌 첨	签							
籤签	qiān ㄑㄧㄢ							
서명하다 성기게, 꿰매다	籤							
제비 첨 시험 첨	签							
牽牵	qiān ㄑㄧㄢ							
이끌다 연루되다	牽							
끌 견 거리낄 견	牵							
錢钱	qián ㄑㄧㄢ							
동전, 엽전 화폐, 자금, 값	錢							
돈 전 안주 전	钱							
槍枪	qiāng ㄑㄧㄤ							
창, 총 대신하다	槍							
창 창 이를 창	枪							

墙 墙	qiáng ㄑㄧㄤˊ						
벽, 담, 울타리 기물의 칸막이	墙						
담 장 경계 장	墙						
喬 乔	qiáo ㄑㄧㄠˊ						
높다 속이다, 악랄하다	喬						
높을 교 교만할 교	乔						
僑 侨	qiáo ㄒㄧㄠˊ						
타국에 거주하다 교민, 해외동포	僑						
타향살이 교 붙어살 교	侨						
橋 桥	qiáo ㄑㄧㄠˊ						
다리, 교량 브리지	橋						
다리 교 시렁 교	桥						
殼 壳	qiào ㄑㄧㄠˋ						
식물의단단한껍질 동물의 껍데기	殼						
껍질 각 두드릴 각	壳						

竅 窍	qiào ㄑㄧㄠ							
구멍 요령,요점,비교	竅							
구멍(규) 교 구멍을뚫을 교	窍							
竊 窃	qiè ㄑㄧㄝ							
훔치다 남몰래, 살짝	竊							
훔칠 절 도둑 절	窃							
親 亲	qīn ㄑㄧㄣ							
부모, 어버이 친하다, 친히	親							
친할 친 새로울 친	亲							
寢 寝	qǐn ㄑㄧㄣ							
(잠)자다 침실, 중지하다	寢							
잠잘 침 쉴 침	寝							
慶 庆	qìng ㄑㄧㄥ							
축하하다, 축하, 할만한일	慶							
경사 경 발어사 경	庆							

窮穷	qióng ㄑㄩㄥˊ							
가난하다 궁진하다	窮							
궁색할 궁	穷							
瓊琼	qióng ㄑㄩㄥˊ							
아름다운옥 훌륭한것	瓊							
아름다울 경 아름다운옥 선	琼							
區区	qū ㄑㄩ							
구별, 분별 지역,지구,지대	區							
구역 구 나눌 구	区							
趨趋	qū ㄑㄩ							
빨리가다 쏠리다, 향하다	趨							
달릴 추 좇을 추	趋							
權权	quán ㄑㄩㄢˊ							
저울추, 무게를달다 권력, 권한, 권세	權							
권세 권 저울추 권	权							

勸劝	quàn ㄑㄩㄢˋ							
권하다 격려하다, 충고하다	勸劝							
권할 권 힘쓰다 권	勸劝							
確确	què ㄑㄩㄝˋ							
확실하다 튼튼하다	確确							
확실할 확 굳을 확	確确							
讓让	ràng ㄖㄤˋ							
양보하다 양도하다	讓让							
사양할 양 꾸짖을 양	讓让							
擾扰	rǎo ㄖㄠˇ							
교란하다 길들이다	擾扰							
어지러울 요 흐려질 요	擾扰							
熱热	rè ㄖㄜˋ							
열, 덥다 가열하다	熱热							
더울 열 바쁠 열	熱热							

認认	rèn ㄖㄣˋ						
분간하다 인정하다	認认						
알 인 행할 인	認认						
榮荣	róng ㄖㄨㄥˊ						
무성하다 번영하다,영광	榮荣						
영화 영 성할 영	榮荣						
灑洒	sǎ ㄙㄚˇ						
뿌리다 살포하다	灑洒						
뿌릴 쇄 나눌 쇄	灑洒						
傘伞	sǎn ㄙㄢˇ						
우산, 양산 우산모양의물건	傘伞						
우산 산 일산 산	傘伞						
喪丧	sāng ㄙㄤ						
상, 장의 죽은사람의 관한일	喪丧						
잃을 상 복입을 상	喪丧						

掃 扫	sǎo ㄙㄠ							
쓸다, 소제하다 없애다	掃 扫							
쓸 소 버릴 소	掃 扫							
嗇 啬	sè ㄙㄜ							
인색하다 절약하다	嗇 啬							
아낄 색 탐할 색	嗇 啬							
殺 杀	shā ㄕㄚ							
죽이다, 살해하다 베다, 싸우다	殺 杀							
죽일 살 덜 쇄	殺 杀							
曬 晒	shài ㄕㄞ							
햇볕이 내리쬐다 햇볕을 쬐다	曬 晒							
쐴 쇄 쬘 쇄	曬 晒							
傷 伤	shāng ㄕㄤ							
상처 상하다, 슬퍼하다	傷 伤							
다칠 상 상처 상	傷 伤							

捨舍	shě ㄕㄜˇ								
버리다 바치다	捨舍								
버릴 사 베풀 사	捨舍								
攝摄	shè ㄕㄜˋ								
섭취하다 촬영하다	攝摄								
당길 섭 쥘 섭	攝摄								
審审	shěn ㄕㄣˇ								
심사하다 알다, 꼭, 과연	審审								
살필 심 깨달을 심	審审								
瀋浔	shěn ㄕㄣˇ								
즙 즙액	瀋浔								
즙 심 강이름 심	瀋浔								
滲渗	shèn ㄕㄣˋ								
스며들다 오싹해지다	滲渗								
스밀 삼 샐 삼	滲渗								

聲声	shēng ㄕㄥ								
(목)소리 소리를 내다	聲								
소리 성 명예 성	声								
繩绳	shéng ㄕㄥ								
끈, 줄, 새끼 먹줄, 재다	繩								
노끈 승 먹줄 승	绳								
勝胜	shèng ㄕㄥ								
이기다 낫다	勝								
이길 승 견딜 승	胜								
聖圣	shèng ㄕㄥ								
성스럽다 성인	聖								
성인 성 성스러울 성	圣								
濕湿	shī ㄕ								
축축하다 적시다, 습기	濕								
축축할 습 마를 습	湿								

師/师 스승, 선생 / 모범, 사단 / 스승 사 / 군사 사	shī ㄕ 師师 师师							
識/识 알다, 식별하다 / 견식, 지식, 식견 / 알 식 / 기록할 지	shí ㄕ 識识 识识							
時/时 때, 시기, 시대 / 시간, 계절, 기회 / 때 시 / 좋을 시	shí ㄕ 時时 时时							
實/实 충실하다 / 진실한, 실제 / 열매 실 / 참으로 실	shí ㄕ 實实 实实							
適/适 적합하다, 알맞다 / 마침, 이제, 가다 / 적당할 적 / 갈 적	shì ㄕ 適适 适适							

勢 势	shì ㄕ								
세력, 위세 형세, 기세	勢								
세력 세 기세 세	势								
釋 释	shì ㄕ								
해석하다 풀다, 놓다, 불교	釋								
놓을 석 풀릴 석	释								
壽 寿	shòu ㄕㄡ								
장수, 연령 나이, 생신, 생일	壽								
목숨 수 장수 수	寿								
獸 兽	shòu ㄕㄡ								
짐승 야만, 하류	獸								
짐승 수 짐승 수	兽								
書 书	shū ㄕㄨ								
쓰다, 기록하다 책, 서신, 서류	書								
글 서 글씨 서	书								

數 数	shù / ㄕㄨ							
세다, 헤아리다 책망하다	數							
셈할 수 자주 삭 촘촘할 촉	数							
術 术	shù / ㄕㄨ							
기술, 기교 방법, 수단	術							
재주(꾀) 술 일 술	术							
樹 树	shù / ㄕㄨ							
수목, 나무 심다, 세우다	樹							
나무 수 심을 수	树							
帥 帅	shuài / ㄕㄨㄞ							
군대의 최고지휘관 통솔하다, 따르다	帥							
장수 수 거느닐 솔	帅							
雙 双	shuāng / ㄕㄨㄤ							
두,쌍(의), 양쪽(의) 짝수의,켤레,갑절의	雙							
짝 쌍 견줄 쌍	双							

絲 丝	sī ㄙ							
생사, 견사 조금, 약간	絲							
실 사 비단이름 사	丝							
鬆 松	sōng ㄙㄨㄥ							
느슨하다,헐겁다 소나무,부드럽다	鬆							
더벅머리 송 거칠 송	松							
蘇 苏	sū ㄙㄨ							
차조기, 희생하다 깨어나다, 잡다	蘇							
깨어날 소 향할 소	苏							
肅 肃	sù ㄙㄨ							
공손하다, 엄숙하다 일소하다, 이끌다	肅							
엄숙할 숙 공경할 숙	肃							
雖 虽	suī ㄕㄨㄟ							
비록…이지만 설사…이더라도	雖							
비록 수 하물며 수	虽							

隨随	suí ㄙㄨㄟˊ							
따르다,순종하다 맡기다, 닮다	隨随							
따를 수 거느릴 수	隨随							
歲岁	suì ㄙㄨㄟˋ							
해, 세월(나이) 살, 세, 작황	歲岁							
해 세 세월 세	歲岁							
孫孙	sūn ㄙㄨㄣ							
손자, 후손 움, 움돋이	孫孙							
손자 손 후손 손	孫孙							
臺台	tái ㄊㄞˊ							
대, 단, 무대 받침대, 방송국	臺台							
높을 대 대 대	臺台							
檯台	tái ㄊㄞˊ							
탁자, 작업대	檯台							
등대 대 상 대	檯台							

颱台	tái ㄊㄞ							
태풍	颱							
태풍 태 몹시부는바람 태	台							
態态	tài ㄊㄞ							
모양,형태,상 태도,모습,몸가짐	態							
모양 태 맵시 태	态							
攤摊	tān ㄊㄢ							
늘어놓다, 펴다 노점, 웅덩이	攤							
펼 탄 벼를 탄	摊							
灘滩	tān ㄊㄢ							
개펄, 모래톱 여울,염전,사막	灘							
여울 탄 해 탄	滩							
癱瘫	tān ㄊㄢ							
중풍, 반신불수 마비되다, 꽉막히다	癱							
사지틀릴 탄 중풍증 탄	瘫							

壇坛	tán ㄊㄢˊ							
단,(강,연)단 …단, …계	壇坛							
단 단 곳(장소) 단	壇坛							
罎坛	tán ㄊㄢˊ							
항아리 단지	罎坛							
술병 담 목긴항아리 담	罎坛							
嘆叹	tàn ㄊㄢˋ							
한숨쉬다, 탄식하다 읊다, 칭찬하다	嘆叹							
탄식할 탄 한숨쉴 탄	嘆叹							
謄誊	téng ㄊㄥˊ							
베끼다 등사하다	謄誊							
베낄 등	謄誊							
體体	tǐ ㄊㄧˇ							
몸, 신체 물체,자체,모양	體体							
몸 체 근본 체	體体							

條 条	tiáo ㄊㄧㄠˊ							
가늘고긴나무가지 조, 조목, 순서	條							
가지 조 바를 조	条							
糶 粜	tiáo ㄊㄧㄠˊ							
양식을 팔다 양식을방출하다	糶							
쌀낼 조 쌀팔 조	粜							
鐵 铁	tiě ㄊㄧㄝˇ							
쇠, 철 무기,단단하다	鐵							
쇠 철 단단할 철	铁							
聽 听	tīng ㄊㄧㄥ							
듣다,받아드리다 다스리다	聽							
들을 청 허락할 청	听							
廳 厅	tīng ㄊㄧㄥ							
큰방, 홀 청, (공안청)청	廳							
관청 청 대청 청	厅							

頭 头	tóu ㄊㄡ								
머리 머리털, 머리모양	頭 头								
머리 두 지혜 두	頭 头								
圖 图	tú ㄊㄨ								
그림, 도표 계획하다	圖 图								
그림 도 꾀할 도	圖 图								
團 团	tuán ㄊㄨㄢ								
둥글다, 모이다 덩어리, 둥구리	團 团								
모을 단 둥글 단	團 团								
糰 团	tuán ㄊㄩㄢ								
덩어리 둥글게 빚다	糰 团								
덩어리 단	糰 团								
窪 洼	wā ㄨㄚ								
움푹들어가있다 움푹파인 곳	窪 洼								
웅덩이 와 우묵할 와	窪 洼								

襪袜	wà ㄨㄚ							
양말	襪							
버선 말 허리띠 말	袜							
彎弯	wān ㄨㄢ							
굽다 굽히다	彎							
굽을 만 당길 만	弯							
萬万	wàn ㄨㄢ							
만,많은,대단히 만무	萬							
일만 만 다수 만	万							
網网	wǎng ㄨㄤ							
그물 망, 포위망	網							
그물 망 그물무늬 망	网							
爲为	wéi ㄨㄟ							
…하다,…로삼다 …이 되다	爲							
할(위할) 위 행할 위	为							

韋 韦	wéi ㄨㄟ							
다룸가죽 무두질한가죽	韋 韦							
가죽 위 어길 위								
僞 伪	wěi ㄨㄟ							
거짓, 허위 비합법적인	僞 伪							
거짓 위 속일 위								
衛 卫	wèi ㄨㄟ							
지키다 보위하다	衛 卫							
지킬 위 막을 위								
穩 稳	wěn ㄨㄣ							
확고하다 침착하다	穩 稳							
평온할 온 곡식을거두어모을 온								
無 无	wú ㄨ							
없다 …이 아니다	無 无							
없을 무 허무의도 무								

務务	wù ㄨ							
사정, 일, 사무 종사하다	務							
힘쓸 무 일 무	务							
霧雾	wù ㄨ							
안개 안개같은작은작은물방울	霧							
안개 무 어두울 무	雾							
犧牺	xī ㄒㄧ							
희생 생뢰(牲牢)	犧							
희생 희 사랑하여기를 희	牺							
習习	xí ㄒㄧ							
연습하다 익숙하다	習							
익힐 습 숙달할 습	习							
戲戏	xì ㄒㄧ							
놀이 놀다, 장난치다	戲							
놀 희 희롱할 희	戏							

係 系	xì ㄒㄧ								
계통, 계열 학과	係 系								
관계 계 맬 계									
繫 系	xì ㄒㄧ								
맺다, 매다 매달다, 묶다	繫 系								
맬 계 매달 계	繫 系								
蝦 虾	xiā ㄒㄧㄚ								
새우	蝦 虾								
두꺼비 하 새우 하	蝦 虾								
嚇 吓	xià ㄒㄧㄚ								
놀라다 무서워하다	嚇 吓								
으를 하 성낼 혁	嚇 吓								
鹹 咸	xián ㄒㄧㄢ								
전부, 모두 (맛이)짜다, 소금기있다	鹹 咸								
짤 함 쓸 함	鹹 咸								

顯 显	xiǎn ㄒㄧㄢ							
분명하다 보이다, 나타내다	顯							
나타날 현 명백할 현	显							
縣 县	xiàn ㄒㄧㄢ							
현, 성(城)밑에속함 성(姓)	縣							
고을 현 달 현	县							
憲 宪	xiàn ㄒㄧㄢ							
법령, 헌법 상사님	憲							
법 헌 가르칠 헌	宪							
獻 献	xiàn ㄒㄧㄢ							
바치다, 드리다 나타내다, 보이다	獻							
바칠 헌 맞을 헌	献							
鄉 乡	xiāng ㄒㄧㄤ							
시골, 촌, 농촌 고향	鄉							
시골 향 고향 향	乡							

響响	xiǎng ㄒㄧㄤˇ							
울림, 소리 소리를 내다	響响							
울릴 향 명성 향	響响							
嚮向	xiàng ㄒㄧㄤˋ							
방향, 향하다 근접하다	嚮向							
향할 향 흠향할 향	嚮向							
曉晓	xiǎo ㄒㄧㄠˇ							
새벽 알다, 알게하다	曉晓							
새벽 효 밝을 효	曉晓							
協协	xié ㄒㄧㄝˊ							
합하다, 한데 모으다 협조하다, 돕다	協协							
도울 협	協协							
脅胁	xié ㄒㄧㄝˊ							
옆구리 협박하다	脅胁							
위협 협 겨드랑이 협	脅胁							

寫 写	xiě ㄒㄧㄝ							
글씨를 쓰다 묘사하다	寫							
베낄 사 본뜰 사	写							
瀉 泻	xiè ㄒㄧㄝ							
매우 빠르게흐르다 설사하다	瀉							
설사 사	泻							
褻 亵	xiè ㄒㄧㄝ							
얕보다,깔보다 음란하다,속옷	褻							
속옷 설 평복 설	亵							
釁 衅	xìn ㄒㄧㄣ							
틈, 간격, 불화 분쟁의 발단	釁							
틈 흔 구멍 흔	衅							
興 兴	xīng ㄒㄧㄥ							
흥성하다 성행시키다	興							
흥할 흥 흥취 흥	兴							

懸 悬	xuán ㄒㄩㄢ							
걸다, 매달다 게시하다	懸							
매달 현 걸을 현	悬							
選 选	xuǎn ㄒㄩㄢ							
고르다, 뽑다 선거하다, 감시	選							
뽑을 선 가릴 선	选							
鏇 镟	xuán ㄒㄩㄢ							
도는모양 그 자리에서 즉시로	鏇							
바퀴 선 갈이틀 선	镟							
學 学	xué ㄒㄩㄝ							
배우다, 학습하다 모방하다, 학문	學							
배울 학 학문 학	学							
尋 寻	xún ㄒㄩㄣ							
찾다 계속해서, 뒤이어	尋							
찾을 심 생각할 심	寻							

遜 逊	xùn ㄒㄩㄣ							
양위하다, 겸허하다 못하다, 뒤지다	遜							
겸손할 손 사양할 손	逊							
壓 压	yā ㄧㄚ							
누르다 안정시키다	壓							
누를 압 항복받을 압	压							
啞 哑	yǎ ㄧㄚ							
벙어리 목이쉬다	啞							
벙어리 아 놀랄 아	哑							
亞 亚	yà ㄧㄚ							
다음가다 제2의	亞							
버금 아 보기흉할 아	亚							
嚴 严	yán ㄧㄢ							
빈틈없다 엄하다,심하다	嚴							
엄할 엄 삼갈할 엄	严							

鹽 盐　yán ㄧㄢˊ 소금 염 소금 염 절일 염	鹽 盐						
厭 厌　yàn ㄧㄢˋ 마음에 차다 싫증나다 싫어할 염 미워할 염	厭 厌						
艶 艳　yàn ㄧㄢˋ 곱다, 아름답다 색정적이다 요염할 염 광택 염	艶 艳						
陽 阳　yáng ㄧㄤˊ 양, 태양 산의 남쪽 볕 양 양지 양	陽 阳						
養 养　yǎng ㄧㄤˇ 먹여 살리다 기르다, 낳다 기를 양 봉양 양	養 养						

癢痒	yǎng 丨尢							
가렵다 근질근질하다	癢							
가려울 양 근지러울 양	痒							
樣样	yàng 丨尢							
모양, 꼴 본보기, 종류	樣							
모양 양 모범 양	样							
堯尧	yáo 丨幺							
당뇨 (唐堯),높다 성(姓)	堯							
요나라 요 높을 요	尧							
藥药	yào 丨幺							
약, 약물 약으로 치료하다	藥							
약 약 치료할 약	药							
鑰钥	yào 丨幺							
열쇠 중요한 요충지	鑰							
자물쇠 약 빗장 약	钥							

爺 爷	yé 丨ㅔ							
부친(父親),조부 아저씨, 주인어른	爺爷							
아비 야 남자의존칭 야								
葉 叶	yè 丨ㅔ							
초목의 잎 세대, 시대	葉叶							
잎사귀 엽 끝 엽								
業 业	yè 丨ㅔ							
일, 업무 직업, 사업	業业							
업 업 생계 업								
醫 医	yī 丨							
의사, 의원 의학, 치료하다	醫医							
의원 의 병고칠 의								
儀 仪	yí 丨							
용모,거동,태도 예절,예물,선물	儀仪							
행동 의 법 의								

義 义	yì —							
의, 정의 의리, 뜻, 의미	義 义							
의로울 의 옳을(뜻) 의								
億 亿	yì —							
억 예측하다	億 亿							
억 억 헤아릴 억								
憶 忆	yì —							
상기하다 기억하다	憶 忆							
기억 억 생각할 억								
藝 艺	yì —							
기술, 기예 예술,준칙,한도	藝 艺							
기술 예 심을 예								
譯 译	yì —							
번역하다 통역하다	譯 译							
번역할 역 풀이할 역								

陰/阴	yīn							
흐리다 그늘, 응달, 뒷면	陰							
그늘 음 습기 음	阴							
隱/隐	yǐn							
숨기다, 가리다 은밀한, 희미하다	隱							
숨길 은 기댈 은	隐							
應/应	yīng							
대답하다 당연히, 응당	應							
응할 응 승낙할 응	应							
營/营	yíng							
경영하다 병영,캠프,주둔지	營							
경영할 영 성할 영	营							
蠅/蝇	yíng							
파리	蠅							
파리 승	蝇							

擁擁	yōng ㄩㄥ							
끌어안다 옹호하다	擁							
껴안을 옹 지킬 옹	拥							
傭佣	yōng ㄩㄥ							
고용하다 고용인,고용자	傭							
품팔이할 용 품삯 용	佣							
癰痈	yōng ㄩㄥ							
옹, 악성종기 독창, 악창	癰							
등창 옹 헌데 옹	痈							
踴踊	yǒng ㄩㄥ							
뛰다 뛰어오르다	踴							
뛸 용 오를 용	踊							
優优	yōu ㄧㄡ							
뛰어나다 연기자, 배우	優							
뛰어날 우 넉넉할 우	优							

憂忧	yōu							
걱정하다 우환, 재난	ㅣㄡ							
근심 우 병 우	憂忧							
猶犹	yóu							
마치…과(와)같다 아직, 여전히	ㅣㄡ							
오히려 유 닮을 유	猶犹							
郵邮	yóu							
우편의 과실,허물,잘못	ㅣㄡ							
역참 우 역체 우	郵邮							
餘余	yú							
남기다, 나 여분, 여가	ㄩ							
남을 여 나머지 여	餘余							
與与	yǔ							
주다,참가하다 에게, 와(과)	ㄩ							
줄 여 함께 여	與与							

嶼 屿	yǔ 니							
작은 섬	嶼 屿							
섬 서	嶼 屿							
禦 御	yù 니							
부리다, 몰다 막다, 항거하다	禦 御							
막을 어 방어할 어	禦 御							
籲 吁	yù 니							
부르다,외치다 우어우어	籲 吁							
부르짖을 유 화(和)할 유	籲 吁							
鬱 郁	yù 니							
우거지다 아름답다	鬱							
빽빽할 울 답답할 울	郁							
譽 誉	yù 니							
명예, 영예 칭찬하다	譽 誉							
기릴 예 영예 예	譽 誉							

園 园	yuán ㄩㄢ							
밭, 공공장소 묘원, 묘지	園							
동산 원 밭 원	园							
遠 远	yuǎn ㄩㄢ							
멀다 오래다, 크다	遠							
멀 원 멀리할 원	远							
躍 跃	yuè ㄩㄝ							
뛰다 뛰어오르다	躍							
뛰어오를 약	跃							
雲 云	yún ㄩㄣ							
말하다, 이르다 구름	雲							
구름 운	云							
運 运	yùn ㄩㄣ							
이동하다 운, 운세, 운명	運							
옮길 운	运							

醞	酝	yùn ㄩㄣ							
술을빚다 술	醞								
술빚을 온	酝								
雜	杂	zá ㄗㄚ							
잡다하다, 복잡하다 섞이다	雜								
복잡할 잡 모을 잡	杂								
贓	赃	zāng ㄗㄤ							
장물 뇌물	贓								
장물 장 숨길 장	赃								
鑿	凿	záo ㄗㄠ							
끌, 정 구멍을 파다	鑿								
뚫을 착 쌀을쓿을 착	凿								
棗	枣	zǎo ㄗㄠ							
대추(나무) 성(姓)	棗								
대추나무 조 대추 조	枣								

竈灶	zào ㄗㄠ							
부뚜막, 부엌 주방, 식당	竈							
부엌　　조 조왕　　조	灶							
齋斋	zhāi ㄓㄞ							
재계하다 엄숙하게공경하다	齋							
재계할　재 집　　　재	斋							
氈毡	zhān ㄓㄢ							
모전 펠트	氈							
모전　　전	毡							
戰战	zhàn ㄓㄢ							
싸움,전쟁,시합 떨다	戰							
싸울　　전 전쟁　　전	战							
趙赵	zhào ㄓㄠ							
주대의나라이름 성(姓)	趙							
조나라　조 느린걸음걸이 조	赵							

摺折	zhé ㄓㄜˊ							
꺾다, 끊다 손해보다, 굽히다	摺折							
접을 접 재킬 접								
這这	zhè ㄓㄜˋ							
이, 이것 이때 이제	這这							
이 저 맞을 언								
徵征	zhēng ㄓㄥ							
먼길을 가다 정벌하다	徵征							
모을 징 부를 징								
證证	zhèng ㄓㄥˋ							
증명하다 증거,증서,증명서	證证							
증명할 증 법칙 증								
鄭郑	zhèng ㄓㄥˋ							
정나라정 성(姓)	鄭郑							
나라 정 겹칠 정								

隻只	zhī ㄓ								
단독의,단일의 쪽, 짝	隻只								
외짝 척 새한마리 척	隻只								
執执	zhí ㄓ								
잡다, 쥐다 장악하다	執执								
잡을 집 처리할 집	執执								
職职	zhí ㄓ								
직무, 직책 직위, 소직	職职								
벼슬 직 맡을 직	職职								
幟帜	zhì ㄓ								
기, 깃발 표지, 표적	幟帜								
기 치 표지 치	幟帜								
緻致	zhì ㄓ								
주다, 보내다 집중하다, 세밀하다	緻致								
촘촘할 치 찬찬할 치	致								

製/制	zhì ㄓ							
제조하다 제정하다	製 制							
만들 제 지을 제	製 制							
質/质	zhì ㄓ							
성질, 본질 품질, 바탕, 묻다	質 质							
바탕 질 물을 질	質 质							
滯/滞	zhì ㄓ							
정체하다 막히다	滯 滞							
막힐 체 빠질 체	滯 滞							
鐘/钟	zhōng ㄓㄨㄥ							
종, 시계, 시간 집중하다	鐘 钟							
종 종	鐘 钟							
鍾/钟	zhōng ㄓㄨㄥ							
손잡이없는 작은술잔 종	鍾 钟							
술병 종 모일 종	鍾 钟							

腫 肿	zhǒng ㄓㄨㄥˇ							
붓다,부어오르다 혹, 부기, 종기	腫 肿							
부스럼 종 물집 종	腫 肿							
種 种	zhǒng ㄓㄨㄥˇ							
종, 품종 종류, 심다	種 种							
씨앗 종 심을 종	種 种							
衆 众	zhòng ㄓㄨㄥˋ							
많다 많은사람	衆 众							
무리 중 많을 중	衆 众							
晝 昼	zhòu ㄓㄡˋ							
낮 대낮	晝 昼							
낮 주	晝 昼							
硃 朱	zhū ㄓㄨ							
주, 주색 주사(朱砂)	硃 朱							
주사 주	朱							

燭烛	zhú ㄓㄨˊ								
양초, 초 비치다, 촉광	燭								
촛불 촉 비칠 촉	烛								
貯贮	zhù ㄓㄨˋ								
모아두다, 저장하다 저축하다	貯								
쌓을 저 둘 저	贮								
築筑	zhù ㄓㄨˋ								
건설하다 건축하다	築								
쌓을 축 달구 축	筑								
專专	zhuān ㄓㄨㄢ								
전문적이다 오르지,특별하다	專								
오르지 전 마음대로 전	专								
轉转	zhuǎn ㄓㄨㄢˇ								
달라지다,바뀌다 전하다,돌아가다	轉								
돌 전 구를 전	转								

莊 庄	zhuāng ㄔㄨㄤ							
마을,촌락,부락 장원,영지,가게	莊							
별장 장 엄숙할 장	庄							
妝 妆	zhuāng ㄓㄨㄤ							
화장하다 분장,치장,혼수	妝							
화장할 장 꾸밀 장	妆							
裝 装	zhuāng ㄓㄨㄤ							
성장하다 복장, 옷차림	裝							
치장할 장 꾸밀 장	装							
椿 桩	zhuāng ㄓㄨㄤ							
말뚝, 끝나다 건, 가지	椿							
말뚝 장 두드릴 용	桩							
壯 壮	zhuàng ㄓㄨㄤ							
튼튼하다 웅장하다	壯							
장사 장 씩씩할 장	壮							

狀 狀	zhuàng ㄓㄨㄤ							
상태,모양,모습 상황, 형편	狀							
형상 상 문서 장	狀							
準 准	zhǔn ㄓㄨㄣ							
허락하다 표준,기준,규격	準							
준비 준 법도 준	准							
濁 浊	zhuó ㄓㄨㄛ							
흐리다,혼탁하다 탁하다,어지럽다	濁							
흐릴 탁 더러울 탁	浊							
總 总	zǒng ㄗㄨㄥ							
총괄하다 전부의,주요한	總							
거느릴 총 꿰맬 총	总							
縱 纵	zòng ㄗㄨㄥ							
세로의, 종의 석방하다,놓아주다	縱							
세로 종 늘어질 종	纵							